Christmas Adventures: Bilingual German-English Christmas Stories for Kids

Pomme Bilingual

Published by Pomme Bilingual, 2024.

CHRISTMAS ADVENTURES: BILINGUAL GERMAN-ENGLISH CHRISTMAS STORIES FOR KIDS

First edition. July 3, 2024.

Copyright © 2024 Pomme Bilingual.

ISBN: 979-8227946515

Written by Pomme Bilingual.

Table of Contents

Die unglaubliche Weihnachtselfenschwindel

Es war die aufregendste Zeit des Jahres, die festlichste aller Jahreszeiten, als der Schnee wie Zuckerwatte vom Himmel fiel und die ganze Welt in eine glitzernde Winterlandschaft verwandelte. Die Straßen waren mit funkelnden Lichtern geschmückt, und aus jedem Fenster schien ein warmer, gemütlicher Schein.

In der kleinen Stadt Plätzchenhausen lebte ein Junge namens Max. Max war acht Jahre alt und hatte eine unbändige Phantasie. Er glaubte an all die magischen Dinge, die Erwachsene oft als "Fantasie" abtaten. Besonders zur Weihnachtszeit konnte Max' Vorstellungskraft die wildesten Abenteuer entstehen lassen.

Eines kalten Nachmittags, nur noch fünf Tage bis Weihnachten, entschied sich Max, den Dachboden seines Hauses zu durchstöbern. Der Dachboden war ein geheimnisvoller Ort voller alter Kisten, verstaubter Möbel und vergessener Erinnerungen. Mit einer Taschenlampe bewaffnet, machte sich Max auf die Suche nach etwas Aufregendem.

Plötzlich entdeckte er eine alte, hölzerne Truhe, die in einer Ecke versteckt war. Mit einem leichten Kratzen öffnete er den Deckel und fand eine seltsame Mischung aus allerlei Dingen: alte Bücher, seltsame Gegenstände und – zu Max' größter Überraschung – einen kleinen, glitzernden Elfenschuh.

„Das kann doch nicht sein!" flüsterte Max und hielt den winzigen Schuh vor seine Augen. „Ein echter Elfenschuh!"

Max war sich sicher, dass dieser Schuh einem Weihnachtself gehört haben musste. Er stellte sich vor, wie der Elf durch das Haus gehuscht war und vielleicht etwas Wichtiges verloren hatte. In seinem Kopf begann sich eine Geschichte zu formen.

An diesem Abend, nachdem Max ins Bett gegangen war, konnte er vor Aufregung kaum schlafen. Plötzlich hörte er ein leises Kichern. Er setzte sich auf und sah einen kleinen, funkelnden Lichtstrahl unter der Tür hervorscheinen. Vorsichtig öffnete er die Tür und traute seinen Augen nicht.

Vor ihm stand ein winziger Elf, kaum größer als Max' Hand. Der Elf trug einen roten Anzug mit goldenen Knöpfen und eine grüne Mütze mit einer kleinen Glocke. „Hallo Max", sagte der Elf mit einer überraschend tiefen Stimme. „Ich bin Zippel, der Weihnachtself. Danke, dass du meinen Schuh gefunden hast."

Max war überwältigt. „Ein echter Elf! Ich wusste es!"

Zippel lächelte. „Ja, ich bin ein echter Elf. Und ich brauche deine Hilfe, Max. Ich bin auf einer geheimen Mission hier, aber ich kann nicht verraten, was es ist. Zumindest nicht ganz."

Max war begeistert. „Was kann ich tun?"

„Nun, es gibt da eine Sache", sagte Zippel und sah sich vorsichtig um. „Ich bin auf der Suche nach dem größten Geheimnis des Weihnachtsmannes, und ich brauche jemanden, der mir hilft, es zu finden."

„Das größte Geheimnis des Weihnachtsmannes?" wiederholte Max. „Was könnte das sein?"

„Es ist ein Geheimnis, das nur wenige kennen", erklärte Zippel. „Es geht um das magische Buch der Wünsche. Es ist ein Buch, in dem alle Wünsche der Kinder aufgeschrieben werden. Aber es wurde gestohlen."

Max' Augen wurden groß. „Gestohlen? Von wem?"

„Das wissen wir nicht", antwortete Zippel. „Deshalb bin ich hier. Ich brauche deine Hilfe, um es zurückzubekommen, bevor Weihnachten kommt."

Max zögerte keine Sekunde. „Ich helfe dir!"

Zusammen schlichen sich Max und Zippel aus dem Haus und machten sich auf den Weg in die verschneite Nacht. Der Mond leuchtete hell und die Sterne funkelten wie Diamanten. Sie folgten einer geheimen Karte, die Zippel aus seiner Tasche gezogen hatte, und die sie zu einem alten, verlassenen Haus führte, das am Rand der Stadt lag.

„Hier drin muss es sein", flüsterte Zippel. „Sei vorsichtig, Max. Wer auch immer das Buch gestohlen hat, könnte gefährlich sein."

Max nickte entschlossen und schlich sich hinter Zippel her. Das Haus war dunkel und unheimlich, doch Max' Mut war größer als seine Angst. Sie durchsuchten die Räume und fanden schließlich eine geheime Tür, die in den Keller führte.

Unten im Keller fanden sie eine riesige, alte Truhe. „Da drin muss es sein", sagte Zippel. Gemeinsam öffneten sie die Truhe und tatsächlich – dort lag das magische Buch der Wünsche.

Doch bevor sie es nehmen konnten, tauchte eine dunkle Gestalt auf. „Wer wagt es, mein Versteck zu betreten?" zischte eine tiefe Stimme. Es war der böse Krampus, der gefürchtete Gegenspieler des Weihnachtsmannes.

Max und Zippel standen mutig zusammen. „Wir sind hier, um das Buch der Wünsche zurückzuholen", sagte Max fest.

„Das werdet ihr niemals schaffen", lachte Krampus hämisch. „Ich habe es gestohlen, damit die Kinder keine Geschenke bekommen!"

Aber Max ließ sich nicht einschüchtern. „Weihnachten ist die Zeit der Wunder, und ich glaube an Wunder", sagte er. „Du wirst uns nicht aufhalten."

Mit einem blitzenden Funkeln in seinen Augen streckte Zippel seine Hand aus und ein helles Licht erfüllte den Raum. Krampus schrie auf und verschwand in einer Wolke aus Rauch. Max und Zippel nahmen das Buch und eilten zurück zum Haus.

Am nächsten Morgen war Weihnachten und die ganze Stadt erwachte zu einer wundervollen Überraschung. Alle Kinder fanden die Geschenke, die sie sich gewünscht hatten, und das Fest war gerettet. Max und Zippel hatten es geschafft.

Zippel lächelte Max an. „Du hast einen großartigen Mut gezeigt, Max. Der Weihnachtsmann wird stolz auf dich sein."

Max strahlte. „Und du wirst immer mein Freund sein, Zippel."

Mit einem letzten Glitzern verschwand Zippel und Max wusste, dass er immer an die Magie der Weihnacht glauben würde. Denn manchmal braucht es nur ein wenig Mut und einen Hauch von Zauber, um die größten Wunder wahr werden zu lassen.

The Incredible Christmas Elf Scam

I t was the most exciting time of the year, the most festive of all seasons, when snow fell from the sky like cotton candy and turned the whole world into a sparkling winter wonderland. The streets were adorned with twinkling lights, and a warm, cozy glow shone from every window.

In the small town of Cookieville lived a boy named Max. Max was eight years old and had an unbridled imagination. He believed in all the magical things that adults often dismissed as "fantasy." Especially at Christmas time, Max's imagination could create the wildest adventures.

One cold afternoon, just five days before Christmas, Max decided to explore the attic of his house. The attic was a mysterious place full of old boxes, dusty furniture, and forgotten memories. Armed with a flashlight, Max set out to find something exciting.

Suddenly, he discovered an old wooden chest hidden in a corner. With a slight scratch, he opened the lid and found a strange assortment of things: old books, odd objects, and – to Max's greatest surprise – a small, glittering elf shoe.

"This can't be real!" Max whispered, holding the tiny shoe up to his eyes. "A real elf shoe!"

Max was sure this shoe belonged to a Christmas elf. He imagined the elf sneaking through the house and maybe losing something important. A story began to form in his head.

That evening, after Max went to bed, he could hardly sleep with excitement. Suddenly, he heard a soft giggle. He sat up and saw a tiny, sparkling beam of light shining under the door. Carefully, he opened the door and couldn't believe his eyes.

Standing before him was a tiny elf, no bigger than Max's hand. The elf wore a red suit with golden buttons and a green hat with a small bell. "Hello Max," said the elf in a surprisingly deep voice. "I'm Zippel, the Christmas elf. Thank you for finding my shoe."

Max was overwhelmed. "A real elf! I knew it!"

Zippel smiled. "Yes, I'm a real elf. And I need your help, Max. I'm on a secret mission here, but I can't reveal what it is. At least not entirely."

Max was thrilled. "What can I do?"

"Well, there is one thing," said Zippel, looking around cautiously. "I'm looking for Santa's greatest secret, and I need someone to help me find it."

"Santa's greatest secret?" Max repeated. "What could that be?"

"It's a secret that few know," Zippel explained. "It's about the magical book of wishes. It's a book where all children's wishes are written down. But it has been stolen."

Max's eyes widened. "Stolen? By whom?"

"We don't know," Zippel replied. "That's why I'm here. I need your help to get it back before Christmas comes."

Max didn't hesitate for a second. "I'll help you!"

Together, Max and Zippel snuck out of the house and made their way into the snowy night. The moon shone brightly and the stars sparkled like diamonds. They followed a secret map that Zippel had pulled from his pocket, which led them to an old, abandoned house on the edge of town.

"It must be in here," whispered Zippel. "Be careful, Max. Whoever stole the book could be dangerous."

Max nodded determinedly and followed Zippel. The house was dark and eerie, but Max's courage was greater than his fear. They searched the rooms and finally found a secret door leading to the basement.

Down in the basement, they found a huge, old chest. "It must be in there," said Zippel. Together, they opened the chest and indeed – there lay the magical book of wishes.

But before they could take it, a dark figure appeared. "Who dares to enter my hideout?" hissed a deep voice. It was the evil Krampus, Santa's feared adversary.

Max and Zippel stood bravely together. "We're here to get the book of wishes back," Max said firmly.

"You'll never succeed," Krampus laughed mockingly. "I stole it so the children won't get any presents!"

But Max was not intimidated. "Christmas is a time of miracles, and I believe in miracles," he said. "You won't stop us."

With a sparkling twinkle in his eyes, Zippel stretched out his hand and a bright light filled the room. Krampus cried out and vanished in a cloud of smoke. Max and Zippel grabbed the book and hurried back home.

The next morning was Christmas, and the whole town woke up to a wonderful surprise. All the children found the presents they had wished for, and the holiday was saved. Max and Zippel had succeeded.

Zippel smiled at Max. "You showed great courage, Max. Santa will be proud of you."

Max beamed. "And you'll always be my friend, Zippel."

With a final sparkle, Zippel disappeared, and Max knew he would always believe in the magic of Christmas. Because sometimes it only takes a little courage and a touch of magic to make the greatest wonders come true.

Rudolfs großes Abenteuer

Es war die magischste Zeit des Jahres, als der Schnee die Welt in eine funkelnde Winterlandschaft verwandelte und die Luft von der Vorfreude auf Weihnachten erfüllt war. Die Stadt Tannenbaumhausen war mit glitzernden Lichtern und bunten Dekorationen geschmückt, und in jedem Haus roch es nach frisch gebackenen Plätzchen und heißem Kakao.

In der Nähe des Nordpols, wo der Weihnachtsmann und seine fröhliche Schar von Elfen lebten, bereitete sich alles auf das große Fest vor. Die Rentiere, die den Schlitten des Weihnachtsmanns zogen, waren besonders aufgeregt. Es war nicht nur eine Ehre, den Weihnachtsmann auf seiner weltweiten Reise zu begleiten, sondern auch eine große Verantwortung.

Unter den Rentieren war ein besonders mutiges und entschlossenes Rentier: Rudolf. Rudolf war bekannt für seine leuchtend rote Nase, die in der Dunkelheit wie ein Scheinwerfer leuchtete. Obwohl er manchmal wegen seiner Nase geneckt wurde, wusste Rudolf, dass seine Fähigkeit etwas Besonderes war.

Dieses Jahr war jedoch etwas anders. Der Weihnachtsmann hatte eine neue Herausforderung für seine Rentiere. „Dieses Jahr," sagte er, „müssen wir eine besonders schwierige Route nehmen. Es gibt so viele neue Kinder, die wir besuchen müssen, und einige von ihnen wohnen an sehr abgelegenen Orten. Wir müssen sicherstellen, dass wir auch die entlegensten Häuser erreichen."

Rudolf war fest entschlossen, diese Herausforderung zu meistern. „Ich werde mein Bestes geben," sagte er mit leuchtenden Augen. Die anderen

Rentiere, Donner, Blitzen, Comet und Cupid, schlossen sich ihm an und waren bereit, gemeinsam mit ihm diese neue Route zu erkunden.

Die Tage vor Weihnachten waren voller Vorbereitungen. Die Elfen arbeiteten rund um die Uhr, um die Geschenke zu verpacken, und die Rentiere trainierten hart, um sich auf die lange Reise vorzubereiten. Rudolf nahm seine Rolle als Anführer sehr ernst und führte das Training mit großem Eifer.

Am Heiligabend war es endlich soweit. Der Schlitten des Weihnachtsmanns war bis zum Rand mit Geschenken beladen, und die Rentiere waren bereit zum Abflug. „Auf geht's!" rief der Weihnachtsmann und die Rentiere hoben ab in den sternenklaren Nachthimmel.

Die Reise verlief reibungslos, bis sie ein besonders abgelegenes Dorf in den Bergen erreichen sollten. Ein heftiger Schneesturm zog auf und die Sicht wurde immer schlechter. Die Rentiere kämpften gegen den starken Wind an, aber es war schwer, den Weg zu finden.

„Wir müssen uns auf Rudolfs Nase verlassen," sagte der Weihnachtsmann. „Nur er kann uns durch diesen Sturm führen."

Rudolf wusste, dass dies der Moment war, auf den er sein ganzes Leben lang gewartet hatte. Mit seiner leuchtend roten Nase führte er die Gruppe durch den tosenden Schneesturm. Seine Nase erhellte den Weg und half ihnen, das kleine Dorf in den Bergen zu erreichen.

Die Kinder in dem Dorf waren überglücklich, als sie den Weihnachtsmann und seine Rentiere sahen. „Rudolf hat uns Weihnachten gerettet!" riefen sie. Rudolf war stolz auf das, was er geschafft hatte. Er hatte nicht nur den Weihnachtsmann und die Geschenke sicher ans Ziel gebracht, sondern auch bewiesen, dass seine besondere Fähigkeit ein Geschenk war.

Nach diesem Abend war Rudolf nicht mehr nur ein Rentier mit einer roten Nase. Er war ein Held, der den Geist von Weihnachten in die entlegensten Winkel der Welt getragen hatte. Und so kehrten sie alle sicher zurück zum Nordpol, wo die Elfen und der Weihnachtsmann sie mit Jubel und Applaus empfingen.

Rudolf strahlte vor Stolz. „Weihnachten ist wirklich die magischste Zeit des Jahres," sagte er und seine Nase leuchtete heller als je zuvor.

Rudolf's Great Adventure

It was the most magical time of the year when snow turned the world into a sparkling winter wonderland and the air was filled with the anticipation of Christmas. The town of Tannenbaumhausen was decorated with glittering lights and colorful decorations, and every house smelled of freshly baked cookies and hot cocoa.

Near the North Pole, where Santa Claus and his merry band of elves lived, everything was being prepared for the big holiday. The reindeer that pulled Santa's sleigh were particularly excited. It was not only an honor to accompany Santa on his worldwide journey but also a great responsibility.

Among the reindeer was one particularly brave and determined reindeer: Rudolf. Rudolf was known for his bright red nose, which shone like a headlight in the dark. Although he was sometimes teased because of his nose, Rudolf knew that his ability was something special.

This year, however, was different. Santa had a new challenge for his reindeer. "This year," he said, "we have to take a particularly difficult route. There are so many new children we need to visit, and some of them live in very remote places. We need to make sure we reach even the most distant houses."

Rudolf was determined to meet this challenge. "I will do my best," he said with shining eyes. The other reindeer, Donner, Blitzen, Comet, and Cupid, joined him, ready to explore this new route together.

The days leading up to Christmas were full of preparations. The elves worked around the clock to wrap the gifts, and the reindeer trained hard to prepare for the long journey. Rudolf took his role as leader very seriously and led the training with great enthusiasm.

On Christmas Eve, it was finally time. Santa's sleigh was loaded to the brim with presents, and the reindeer were ready to take off. "Let's go!" Santa called, and the reindeer soared into the starry night sky.

The journey went smoothly until they were supposed to reach a particularly remote village in the mountains. A severe snowstorm arose, and visibility became increasingly poor. The reindeer fought against the strong wind, but it was difficult to find the way.

"We must rely on Rudolf's nose," Santa said. "Only he can lead us through this storm."

Rudolf knew that this was the moment he had been waiting for all his life. With his bright red nose, he led the group through the howling snowstorm. His nose lit the way and helped them reach the small village in the mountains.

The children in the village were overjoyed when they saw Santa and his reindeer. "Rudolf saved Christmas for us!" they shouted. Rudolf was proud of what he had accomplished. He had not only brought Santa and the gifts safely to their destination but also proved that his special ability was a gift.

After that night, Rudolf was no longer just a reindeer with a red nose. He was a hero who had carried the spirit of Christmas to the most remote corners of the world. And so they all returned safely to the North Pole, where the elves and Santa greeted them with cheers and applause.

Rudolf beamed with pride. "Christmas is truly the most magical time of the year," he said, and his nose shone brighter than ever before.

Max und die Weihnachts-Pannenparty

Es war der 23. Dezember in der kleinen Stadt Winterhausen, und die festliche Stimmung war allgegenwärtig. Die Straßen waren mit bunten Lichtern geschmückt, die Häuser funkelten im Glanz der Weihnachtsdekoration, und der Duft von frisch gebackenem Lebkuchen hing in der Luft.

Max Müller, ein aufgeweckter Junge mit einer unerschöpflichen Neugier und einem Faible für Abenteuer, konnte die Aufregung kaum noch ertragen. In nur zwei Tagen würde Weihnachten sein, und Max hatte sich schon seit Wochen auf die festlichen Feiern gefreut. Besonders freute er sich auf die große Weihnachtsfeier seiner Familie am Heiligabend.

Der Weihnachtstag war für die Müllers der wichtigste des Jahres. Die ganze Familie versammelte sich in der gemütlichen Stube, um die Geschenke zu tauschen, Geschichten zu erzählen und sich an köstlichen Leckereien zu erfreuen. Doch dieses Jahr sollte alles anders werden – und zwar auf eine ganz besondere Weise.

Es begann, als Max und seine Eltern am Nachmittag des 23. Dezember durch den Schnee spazierten, um die letzten Einkäufe zu erledigen. Die Stadt war voller fröhlicher Menschen, die Geschenke kauften und Plätzchen aßen. Max starrte in die Schaufenster der Geschäfte, die festlich dekoriert waren, und versuchte, sich nicht von der Vorfreude überwältigen zu lassen.

Plötzlich hörten sie ein lautes Poltern und ein Gekicher hinter sich. Max drehte sich um und sah eine Gruppe von Kindern, die sich um einen großen Sack in der Mitte der Straße versammelt hatten. Die Kinder waren bunt gekleidet, trugen lustige Weihnachtsmützen und schienen sich köstlich zu amüsieren.

„Schau mal, Max!" rief seine Mutter. „Da ist etwas los."

Max rannte zu den Kindern hinüber, neugierig, was da vor sich ging. Der große Sack war tatsächlich voll mit Weihnachtsgeschenken und war von einem sehr seltsam aussehenden Weihnachtsmann bewacht. Dieser Weihnachtsmann trug eine sehr unordentliche rote Jacke, hatte einen zerzausten Bart und trug einen Hut, der schief auf seinem Kopf saß.

„Hallo, Kinder!", rief der Weihnachtsmann fröhlich. „Ich bin der Weihnachtspannen-Weihnachtsmann und ich bin hier, um euch eine besondere Überraschung zu bringen!"

Die Kinder lachten und klatschten begeistert. Max sah zu, wie der Weihnachtsmann eine Reihe von großen, glitzernden Geschenken aus dem Sack zog und sie in den Schnee warf. Jedes Geschenk landete auf eine andere Weise – einige landeten sanft, andere prallten ab und rollten durch die Straßen.

„Wahnsinn!", rief Max. „Das ist ja das chaotischste Geschenkestellen, das ich je gesehen habe."

Der Weihnachtsmann grinste und zwinkerte Max zu. „Das ist mein Spezialtrick! Weihnachten soll Spaß machen, und manchmal bedeutet das, ein kleines bisschen Chaos."

Max war fasziniert von diesem ungewöhnlichen Weihnachtsmann und fragte ihn: „Darf ich dir helfen?"

Der Weihnachtsmann kratzte sich am Kopf und sagte: „Nun, ich habe da tatsächlich ein kleines Problem. Ich bin auf der Suche nach einem ganz besonderen Geschenk – dem goldenen Weihnachtsstern. Aber ich habe ihn irgendwie verloren."

„Der goldene Weihnachtsstern?", wiederholte Max. „Was ist das?"

„Der goldene Weihnachtsstern ist ein magisches Geschenk, das nur einmal alle hundert Jahre erscheint. Es bringt Glück und Freude, wenn es zur rechten Zeit an den rechten Ort kommt. Aber ich habe ihn aus den Augen verloren und jetzt weiß ich nicht, wo er ist."

Max fühlte sich plötzlich wie ein echter Weihnachtsheld. „Keine Sorge! Ich werde dir helfen, den goldenen Weihnachtsstern zu finden."

Der Weihnachtsmann klatschte begeistert in die Hände. „Wunderbar! Ich brauche nur ein bisschen Hilfe. Wenn wir ihn bis Mitternacht finden, wird alles in bester Ordnung sein."

Max und der Weihnachtsmann machten sich sofort auf den Weg. Sie durchkämmten die Stadt, suchten in allen Geschäften und fragten die Leute, aber der goldene Weihnachtsstern blieb verschwunden. Max spürte, dass die Zeit langsam knapp wurde, aber er wollte dem Weihnachtsmann unbedingt helfen.

Als sie sich dem Ende der Stadt näherten, sah Max einen alten, verstaubten Laden, der kaum noch geöffnet war. Über der Tür hing ein abgewetztes Schild, das „Antiquitäten und Kuriositäten" besagte. Max zog den Weihnachtsmann zu dem Laden und schob die knarrende Tür auf.

Der Laden war vollgestopft mit allen möglichen seltsamen und wunderbaren Gegenständen: alte Uhren, verstaubte Bücher und kurioses Zeug. Max und der Weihnachtsmann durchsuchten den Laden und schließlich entdeckten sie eine kleine, geheimnisvolle Kiste in einer Ecke.

„Vielleicht ist der goldene Weihnachtsstern hier drin," sagte Max hoffnungsvoll und öffnete die Kiste. Darin lag ein seltsames, glitzerndes Objekt, das in der Dunkelheit schimmerte.

Der Weihnachtsmann sah aufgeregt aus. „Das ist es! Das muss der goldene Weihnachtsstern sein!"

Max nahm das Geschenk in die Hand und betrachtete es genau. Es war wirklich wunderschön – ein goldenes Sternchen, das in allen Farben des Regenbogens funkelte.

„Du hast es gefunden!" rief der Weihnachtsmann freudig aus. „Du hast den goldenen Weihnachtsstern gerettet!"

Max grinste stolz. „Ich wusste, dass wir es schaffen würden."

Sie machten sich auf den Weg zurück zur Stadt, und als sie am Hauptplatz ankamen, fanden sie eine riesige Menschenmenge vor. Alle warteten auf den Weihnachtsmann, um das besondere Geschenk zu erhalten.

Der Weihnachtsmann hob den goldenen Weihnachtsstern hoch und sprach zu der Menge. „Dank Max und seiner Entschlossenheit haben wir den goldenen Weihnachtsstern gefunden. Dieser Stern wird allen, die ihn sehen, Freude und Glück bringen."

Die Menschen jubelten und applaudierten, als der Weihnachtsmann den goldenen Weihnachtsstern in die Luft hielt. Der Stern strahlte hell und schickte funkelnde Lichtstrahlen über die ganze Stadt.

Max fühlte sich wie der glücklichste Junge der Welt. Er hatte nicht nur dem Weihnachtsmann geholfen, sondern auch dazu beigetragen, das Weihnachtsfest noch magischer zu machen.

Als der Abend dämmerte und die Stadt in ein festliches Glitzern getaucht wurde, ging Max nach Hause. Die Weihnachtsfeier seiner Familie war bereits im vollen Gange, und Max erzählte seinen Eltern von seinen Abenteuern mit dem Weihnachtspannen-Weihnachtsmann.

„Es war das aufregendste Weihnachten aller Zeiten," sagte Max. „Und ich habe etwas wirklich Besonderes gelernt: Weihnachten ist nicht nur eine Zeit für Geschenke, sondern auch für Abenteuer und Überraschungen."

Seine Eltern lächelten und umarmten ihn. „Wir sind so stolz auf dich, Max," sagte seine Mutter. „Du hast heute wirklich etwas Wunderbares gemacht."

Und so endete der 23. Dezember mit einem glücklichen und erfüllten Max, der an die wahre Magie von Weihnachten glaubte. Die Stadt Winterhausen war ein Ort voller Freude, Lachen und festlichem Glanz, und Max wusste, dass er für immer Teil dieser wunderbaren Zeit des Jahres sein würde.

Max and the Christmas Fiasco Party

It was December 23rd in the small town of Winterhausen, and the festive atmosphere was everywhere. The streets were decorated with colorful lights, the houses sparkled with Christmas decorations, and the scent of freshly baked gingerbread filled the air.

Max Müller, an energetic boy with an insatiable curiosity and a penchant for adventure, could barely contain his excitement. In just two days, it would be Christmas, and Max had been looking forward to the festive celebrations for weeks. He was especially excited about his family's big Christmas party on Christmas Eve.

Christmas Day was the most important day of the year for the Müllers. The whole family gathered in the cozy living room to exchange gifts, tell stories, and enjoy delicious treats. But this year, everything would be different – and in a very special way.

It all started when Max and his parents were walking through the snow on the afternoon of December 23rd to do their last-minute shopping. The town was full of cheerful people buying gifts and eating cookies. Max stared at the shop windows, which were festively decorated, trying not to be overwhelmed by anticipation.

Suddenly, they heard a loud clattering and giggling behind them. Max turned around and saw a group of children gathered around a large sack in the middle of the street. The children were colorfully dressed, wearing funny Christmas hats, and seemed to be having a great time.

"Look, Max!" his mother called. "Something's happening."

Max ran over to the children, curious about what was going on. The large sack was indeed full of Christmas presents and was being watched over by a very strange-looking Santa Claus. This Santa Claus wore a very messy red jacket, had a scraggly beard, and wore a hat that sat crookedly on his head.

"Hello, children!" the Santa Claus called out cheerfully. "I am the Christmas Fiasco Santa, and I'm here to bring you a special surprise!"

The children laughed and clapped excitedly. Max watched as Santa pulled a series of large, glittering presents out of the sack and threw them into the snow. Each gift landed in a different way – some landed gently, others bounced and rolled through the streets.

"Amazing!" Max exclaimed. "This is the most chaotic gift-giving I've ever seen."

Santa grinned and winked at Max. "That's my special trick! Christmas should be fun, and sometimes that means a little bit of chaos."

Max was fascinated by this unusual Santa and asked him, "Can I help you?"

Santa scratched his head and said, "Well, I do have a little problem. I'm looking for a very special gift – the Golden Christmas Star. But somehow, I've lost it."

"The Golden Christmas Star?" Max repeated. "What is that?"

"The Golden Christmas Star is a magical gift that only appears once every hundred years. It brings luck and joy when it's in the right place at the right time. But I've lost track of it, and now I don't know where it is."

Max suddenly felt like a real Christmas hero. "Don't worry! I'll help you find the Golden Christmas Star."

Santa clapped his hands enthusiastically. "Wonderful! I just need a little help. If we find it by midnight, everything will be alright."

Max and Santa set off immediately. They combed through the town, searched in all the shops, and asked people, but the Golden Christmas Star remained missing. Max felt that time was running out, but he was determined to help Santa.

As they neared the edge of town, Max saw an old, dusty shop that was barely open. Above the door hung a tattered sign that read "Antiques and Curiosities." Max pulled Santa to the shop and pushed open the creaking door.

The shop was crammed with all sorts of strange and wonderful items: old clocks, dusty books, and curious objects. Max and Santa searched the shop, and finally, they discovered a small, mysterious box in a corner.

"Maybe the Golden Christmas Star is in here," Max said hopefully and opened the box. Inside lay a strange, glittering object that shimmered in the darkness.

Santa looked excited. "That's it! That must be the Golden Christmas Star!"

Max took the gift in his hand and examined it closely. It was truly beautiful – a golden star that sparkled in all the colors of the rainbow.

"You found it!" Santa exclaimed joyfully. "You saved the Golden Christmas Star!"

Max grinned proudly. "I knew we could do it."

They made their way back to the town, and when they arrived at the main square, they found a huge crowd. Everyone was waiting for Santa to receive the special gift.

Santa raised the Golden Christmas Star high and spoke to the crowd. "Thanks to Max and his determination, we found the Golden Christmas Star. This star will bring joy and luck to everyone who sees it."

The people cheered and applauded as Santa held the Golden Christmas Star in the air. The star shone brightly and sent sparkling beams of light across the entire town.

Max felt like the happiest boy in the world. He had not only helped Santa but also contributed to making Christmas even more magical.

As the evening dawned and the town was bathed in festive glitter, Max went home. His family's Christmas party was already in full swing, and Max told his parents about his adventures with the Christmas Fiasco Santa.

"It was the most exciting Christmas ever," Max said. "And I learned something really special: Christmas is not just a time for presents, but also for adventures and surprises."

His parents smiled and hugged him. "We are so proud of you, Max," his mother said. "You did something wonderful today."

And so, December 23rd ended with a happy and fulfilled Max who believed in the true magic of Christmas. The town of Winterhausen was a place full of joy, laughter, and festive splendor, and Max knew he would forever be a part of this wonderful time of year.

Lennart und die Weihnachts-Wunder-Werkstatt

In der verschneiten Stadt Tannenwald, wo die Winter abenteuerlich und die Weihnachten legendär waren, bereitete sich jeder auf das größte Fest des Jahres vor. Die ganze Stadt war in einen schimmernden Glanz aus Lichtern und Farben getaucht, und der Duft von frisch gebackenen Plätzchen und Tannennadeln lag in der Luft.

Aber in diesem Jahr war Weihnachten besonders aufregend für Lennart Müller, einen lebhaften Jungen mit einer blühenden Fantasie und einer Vorliebe für Abenteuer. Lennart war immer der erste, der mit seinen Freunden auf dem Schulhof spielte und der letzte, der abends ins Bett ging, um noch ein bisschen zu träumen. Aber an diesem Weihnachten war etwas ganz Besonderes geplant, und Lennart konnte die Spannung kaum noch ertragen.

Am Morgen des 24. Dezember erwachte Lennart früh. Er schlüpfte aus dem Bett, zog seinen kuscheligen Weihnachts-Pyjama an und sah aus dem Fenster. Der Himmel war strahlend blau und der Schnee glitzerte wie ein Teppich aus Zuckerwatte. Die ganze Stadt schien in einer festlichen Stimmung zu sein, und die Vorfreude auf Weihnachten war fast greifbar.

Lennart saß am Frühstückstisch und aß mit großem Appetit seine Weihnachtsplätzchen, als seine Mutter ihm eine geheimnisvolle Nachricht überreichte. „Das ist für dich," sagte sie lächelnd und reichte ihm einen Brief, der in glänzendem Papier eingewickelt war.

Lennart riss das Papier auf und fand eine Einladung zu einem geheimen Weihnachtsabenteuer. Die Einladung war von einem gewissen „Professor Knickebein" und lautete:

Lieber Lennart Müller,

Du bist eingeladen, an einem ganz besonderen Abenteuer teilzunehmen. Komm um genau 10 Uhr zur alten Mühle am Waldrand. Dort wirst du etwas entdecken, das dein Herz höher schlagen lässt.

Mit festlichen Grüßen,

Professor Knickebein

Lennarts Augen leuchteten vor Aufregung. Er hatte schon von der alten Mühle am Waldrand gehört, die schon seit vielen Jahren leer und verlassen war. Jetzt schien es, als ob sie ein großes Geheimnis birgt.

Nachdem er seine Eltern über seine geheimnisvolle Einladung informiert hatte, machte sich Lennart auf den Weg zur alten Mühle. Der Weg war verschneit und voller Abenteuer, und die Gedanken an das, was ihn erwarten könnte, ließen ihn vor Aufregung kaum stillstehen.

Als Lennart die alte Mühle erreichte, war er erstaunt. Sie sah aus wie aus einem Märchenbuch, mit ihren knorrigen Holzbalken und den überhängenden Lichterketten, die eine warme, einladende Atmosphäre schufen. Ein großes Schild über der Tür verkündete in goldenen Buchstaben: „Professor Knickebeins Weihnachts-Wunder-Werkstatt".

Lennart klopfte an die Tür und trat ein. Die Werkstatt war warm und gemütlich, und ein angenehmer Duft von Keksen und Zimt hing in der Luft. Überall waren bunte Lichter und festliche Dekorationen zu sehen. In der Mitte des Raumes stand ein großer, wackeliger Tisch, der mit all möglichen Werkzeugen, Geschenken und lustigen Maschinen bedeckt war.

„Willkommen, Lennart!" rief eine fröhliche Stimme. Lennart drehte sich um und sah einen kleinen, pummeligen Mann mit einem großen, weißen Bart und einer schief sitzenden Brille. „Ich bin Professor Knickebein. Ich bin so froh, dass du gekommen bist!"

Lennart lächelte und sagte: „Ich bin wirklich aufgeregt! Was ist das für ein Abenteuer?"

Professor Knickebein winkte ihn heran. „Nun, ich habe ein kleines Problem. In der ganzen Stadt bereiten sich alle auf Weihnachten vor, aber meine magischen Maschinen sind durch einen unglücklichen Unfall kaputt gegangen. Ich brauche jemanden wie dich, um mir zu helfen, sie wieder zum Laufen zu bringen."

Lennart sah sich die Maschinen genauer an. Eine davon war ein riesiger Schlitten voller Geschenke, die von einem überdimensionalen Geschenkeband-Roller gewickelt wurden. Eine andere Maschine sah aus wie ein gigantisches, blinkendes Geschenk, das in der Mitte einen großen Knopf hatte.

„Wie kann ich helfen?", fragte Lennart neugierig.

Professor Knickebein erklärte: „Die Maschinen sind voller magischer Energie, und wir müssen sie reparieren, damit die Geschenke rechtzeitig zu den Kindern kommen. Jede Maschine hat eine spezielle Aufgabe. Der Geschenkeband-Roller wickelt die Geschenke ein, die Zauberstaub-Kanone sorgt für die magischen Funken, und der Schlitten muss für die große Reise bereit gemacht werden."

Lennart nickte und machte sich an die Arbeit. Er begann, die Maschinen zu inspizieren und herauszufinden, was repariert werden musste. Die Zauberstaub-Kanone hatte eine lose Schraube, die Geschenkeband-Roller war verheddert und der Schlitten benötigte neue Polsterungen.

Es war ein langwieriger und kniffliger Prozess, aber Lennart arbeitete mit großem Eifer. Mit jedem Schritt, den er machte, fühlte er sich mehr in das Abenteuer vertieft. Der Professor war eine große Hilfe, gab ihm Tipps und machte die Reparaturen mit ihm zusammen.

Als der Nachmittag in den Abend überging, waren alle Maschinen endlich wieder funktionstüchtig. Der Geschenkeband-Roller rollte fröhlich und wickelte die Geschenke perfekt ein, die Zauberstaub-Kanone schickte funkelnde, magische Glitzer in die Luft, und der Schlitten war glänzend und bereit für die Reise.

„Du hast es geschafft, Lennart!" rief Professor Knickebein begeistert. „Dank dir sind wir bereit für Weihnachten. Jetzt müssen wir nur noch sicherstellen, dass alles pünktlich fertig wird."

Lennart fühlte sich sehr stolz. „Ich bin froh, dass ich helfen konnte. Es hat viel Spaß gemacht!"

Der Professor grinste. „Ich habe noch eine kleine Überraschung für dich." Er zog eine kleine, goldene Glocke aus seiner Tasche. „Diese Glocke wird dir Glück bringen. Sie ist für die, die an die wahre Magie von Weihnachten glauben."

Lennart nahm die Glocke und bedankte sich herzlich. „Das ist wirklich nett von dir, Professor."

Als Lennart nach Hause ging, war der Himmel bereits dunkel und die ersten Sterne funkelten am Himmel. Er hielt die goldene Glocke fest in der Hand und fühlte sich wie ein echter Weihnachtsheld.

Zu Hause angekommen, fand er seine Familie schon am festlich geschmückten Tisch, bereit für das Weihnachtsessen. Als er ihnen von seinem Abenteuer erzählte, waren alle begeistert und stolz auf ihn.

„Das ist das schönste Weihnachten aller Zeiten," sagte Lennart. „Und ich habe etwas Wichtiges gelernt: Weihnachten ist nicht nur eine Zeit für Geschenke, sondern auch für Abenteuer, Freundschaft und Magie."

Seine Eltern umarmten ihn und freuten sich mit ihm. „Wir sind so stolz auf dich, Lennart. Du hast Weihnachten wirklich besonders gemacht."

Und so endete der 24. Dezember mit einem glücklichen Lennart, der an die wahre Magie von Weihnachten glaubte. Die Stadt Tannenwald erstrahlte im Glanz der festlichen Lichter, und Lennart wusste, dass er ein Teil dieser wunderbaren Zeit des Jahres war. Die goldene Glocke klirrte sanft in der Stille der Nacht und erinnerte alle daran, dass die wahre Magie von Weihnachten in den Herzen der Menschen zu finden ist.

Lennart and the Christmas Wonder Workshop

In the snowy town of Pinewood, where winters were adventurous and Christmases legendary, everyone was preparing for the biggest celebration of the year. The entire town was bathed in a shimmering glow of lights and colors, and the scent of freshly baked cookies and pine needles filled the air.

But this year, Christmas was especially exciting for Lennart Müller, a lively boy with a vivid imagination and a love for adventure. Lennart was always the first to play with his friends on the schoolyard and the last to go to bed at night to dream just a little longer. But this Christmas, something very special was planned, and Lennart could hardly contain his excitement.

On the morning of December 24th, Lennart woke up early. He slipped out of bed, put on his cozy Christmas pajamas, and looked out the window. The sky was a brilliant blue, and the snow sparkled like a blanket of cotton candy. The whole town seemed to be in a festive mood, and the anticipation of Christmas was almost tangible.

Lennart sat at the breakfast table, eagerly eating his Christmas cookies, when his mother handed him a mysterious letter. "This is for you," she said with a smile, handing him a note wrapped in shiny paper.

Lennart tore open the paper and found an invitation to a secret Christmas adventure. The invitation was from someone named "Professor Knickebein" and read:

Dear Lennart Müller,

You are invited to join a very special adventure. Come to the old mill at the edge of the forest at exactly 10 AM. There, you will discover something that will make your heart race.

With festive greetings,

Professor Knickebein

Lennart's eyes lit up with excitement. He had heard of the old mill at the edge of the forest, which had been empty and abandoned for many years. Now it seemed like it held a big secret.

After informing his parents about the mysterious invitation, Lennart set off for the old mill. The path was snowy and full of adventure, and his thoughts about what awaited him made it hard for him to stay still with excitement.

When Lennart arrived at the old mill, he was amazed. It looked like something out of a fairy tale, with its gnarled wooden beams and overhanging fairy lights creating a warm and inviting atmosphere. A large sign above the door proclaimed in golden letters: "Professor Knickebein's Christmas Wonder Workshop."

Lennart knocked on the door and stepped inside. The workshop was warm and cozy, and a pleasant aroma of cookies and cinnamon lingered in the air. Everywhere were colorful lights and festive decorations. In the middle of the room stood a large, wobbly table covered with all sorts of tools, gifts, and whimsical machines.

"Welcome, Lennart!" called a cheerful voice. Lennart turned around and saw a small, plump man with a large white beard and a crookedly perched pair of glasses. "I'm Professor Knickebein. I'm so glad you've come!"

Lennart smiled and said, "I'm really excited! What's this adventure about?"

Professor Knickebein waved him over. "Well, I have a little problem. While everyone in the town is getting ready for Christmas, my magical machines have broken down due to an unfortunate accident. I need someone like you to help me get them running again."

Lennart looked closer at the machines. One of them was a huge sleigh full of gifts, being wrapped by an oversized ribbon-roller. Another machine looked like a giant, blinking present with a big button in the middle.

"How can I help?" Lennart asked curiously.

Professor Knickebein explained, "The machines are filled with magical energy, and we need to repair them so the gifts can be delivered on time. Each machine has a special task. The ribbon-roller wraps the gifts, the magic-dust cannon creates magical sparkles, and the sleigh needs to be made ready for the big journey."

Lennart nodded and set to work. He began inspecting the machines and figuring out what needed fixing. The magic-dust cannon had a loose screw, the ribbon-roller was tangled, and the sleigh needed new padding.

It was a lengthy and tricky process, but Lennart worked with great enthusiasm. With every step he took, he felt more immersed in the adventure. The Professor was a great help, offering tips and working alongside him to make the repairs.

As the afternoon turned into evening, all the machines were finally operational again. The ribbon-roller happily spun and wrapped the gifts perfectly, the magic-dust cannon sent sparkling magical dust into the air, and the sleigh was shiny and ready for the journey.

"You did it, Lennart!" Professor Knickebein exclaimed excitedly. "Thanks to you, we're ready for Christmas. Now we just need to make sure everything is finished on time."

Lennart felt very proud. "I'm glad I could help. It was a lot of fun!"

The Professor grinned. "I have a little surprise for you." He pulled out a small golden bell from his pocket. "This bell will bring you luck. It's for those who believe in the true magic of Christmas."

Lennart took the bell and thanked him warmly. "That's really kind of you, Professor."

As Lennart walked home, the sky was already dark, and the first stars were twinkling in the sky. He held the golden bell tightly in his hand and felt like a true Christmas hero.

Back home, he found his family already at the festively decorated table, ready for Christmas dinner. As he told them about his adventure, everyone was thrilled and proud of him.

"This is the best Christmas ever," Lennart said. "And I've learned something important: Christmas isn't just about gifts, but also about adventures, friendship, and magic."

His parents hugged him and shared in his joy. "We're so proud of you, Lennart. You truly made Christmas special."

And so, December 24th ended with a happy Lennart who believed in the true magic of Christmas. The town of Pinewood sparkled with festive lights, and Lennart knew he was part of this wonderful time of year. The golden bell jingled softly in the stillness of the night, reminding everyone that the true magic of Christmas is found in the hearts of people.

Fritz und der Weihnachts-Notfall

Es war der 24. Dezember in der kleinen Stadt Winterhausen, und die ganze Stadt war in ein funkelndes Weihnachtswunder gehüllt. Die Straßen waren geschmückt mit Lichtern, die wie kleine Sterne funkelten, und der Geruch von frisch gebackenem Stollen und Zimt lag in der Luft. Die Menschen hasteten von Geschäft zu Geschäft, während Kinder aufgeregt ihre Augen auf die festlich geschmückten Fenster richteten.

Fritz Huber, ein neugieriger und abenteuerlustiger Junge mit einer Vorliebe für spannende Geschichten, war besonders aufgeregt. Dieses Jahr würde er an etwas teilnehmen, das er nie zuvor erlebt hatte – eine spezielle Weihnachtsüberraschung, die seine ganze Familie betreffen würde. Als er am Morgen des Heiligabends aufwachte, war sein Herz voller Vorfreude.

Seine Eltern hatten ihm erzählt, dass sie eine große Feier geplant hatten und dass Fritz eine wichtige Aufgabe übernehmen würde. Während er seine Socken anzog und sich für den Tag bereit machte, konnte er sich kaum zurückhalten, um herauszufinden, was es mit dieser geheimnisvollen Aufgabe auf sich hatte.

Nachdem das Frühstück beendet war und die Familie Huber sich auf den Weg zum Weihnachtsbaum machte, um die letzten Vorbereitungen zu treffen, gab es plötzlich ein lautes Klopfen an der Tür. Fritz lief aufgeregt zur Tür und öffnete sie – und da stand eine große, grüne, glitzernde Box mit einem goldenen Band.

„Wow, was ist das?" fragte Fritz erstaunt. Die Box sah aus, als käme sie direkt aus einem Märchen.

„Das ist die Überraschung, die wir dir versprochen haben," sagte seine Mutter lächelnd. „Aber du musst sie erst öffnen, wenn du bereit bist."

Fritz konnte die Neugier nicht länger zügeln. Er packte vorsichtig die Box aus und fand eine wunderschöne, glitzernde Karte und einen kleinen, silbernen Schlüssel. Auf der Karte stand geschrieben:

Lieber Fritz,

Du bist eingeladen, an einem ganz besonderen Abenteuer teilzunehmen. Dieser Schlüssel öffnet die Tür zu einem geheimen Raum in unserer Stadt, wo du eine wichtige Aufgabe übernehmen wirst. Sei um Punkt 15 Uhr am alten Rathaus.

Mit festlichen Grüßen,

Der Weihnachtswichtel

Fritz war total aus dem Häuschen. Ein geheimes Abenteuer, eine besondere Aufgabe und ein geheimer Raum? Das klang nach dem aufregendsten Weihnachtsfest aller Zeiten!

Er fragte seine Eltern, ob sie wüssten, was es mit diesem geheimen Raum auf sich hatte, aber sie schüttelten nur geheimnisvoll den Kopf. „Das ist ein Geheimnis für sich," sagte sein Vater. „Aber wir sind sicher, dass du das große Abenteuer meistern wirst."

Als die Uhr 15 Uhr schlug, machte sich Fritz auf den Weg zum alten Rathaus. Es war ein großes, altmodisches Gebäude mit hohen Türmen und einer massiven Holztür. Mit zitternden Händen steckte er den silbernen Schlüssel ins Schloss und drehte ihn um. Die Tür öffnete sich mit einem leisen Knarren, und Fritz trat in den Raum.

Der Raum war wunderschön dekoriert, mit goldenen Lichtern und funkelnden Sternen. In der Mitte des Raumes stand ein großer, geheimnisvoller Schlitten, der in einem wunderschönen Blau und Silber gehalten war und von leuchtenden Sternen umgeben war. Neben dem Schlitten stand ein kleiner, fuchsiger Weihnachtswichtel, der einen grünen Hut trug und ein breites Grinsen im Gesicht hatte.

„Hallo, Fritz!" sagte der Weihnachtswichtel. „Ich bin Wichtel Jingle, und ich bin hier, um dir bei deiner Aufgabe zu helfen."

„Wichtel Jingle?" fragte Fritz neugierig. „Was ist meine Aufgabe?"

Jingle klatschte in die Hände und erklärte: „Dieser Schlitten ist nicht irgendein Schlitten. Er ist der magische Weihnachts-Schlitten, der die Geschenke für alle Kinder in der Stadt ausliefern soll. Aber leider ist der Schlitten heute morgen kaputt gegangen. Er braucht dringend Reparaturen, damit er rechtzeitig für die Bescherung fertig ist."

„Das klingt nach einer Herausforderung," sagte Fritz entschlossen. „Wie kann ich helfen?"

„Gut, dass du fragst," sagte Jingle und zeigte auf eine große, rote Kiste in der Ecke des Raumes. „In dieser Kiste findest du all die Werkzeuge, die du brauchst, um den Schlitten zu reparieren. Wir müssen die Räder in Ordnung bringen, die magischen Lichter reparieren und die Geschenke wieder sicher verstauen."

Fritz öffnete die Kiste und fand eine Menge von Werkzeugen: Schraubenzieher, Hammer, Zange und viele andere Dinge, die man sich nur vorstellen kann. Er machte sich sofort an die Arbeit. Der Schlitten war in der Tat in einem schlechten Zustand. Die Räder waren locker, einige Lichter waren ausgefallen und der Schlitten selbst war ein wenig schief.

Jingle half ihm dabei, die Teile zusammenzusetzen, und bald begann der Schlitten, wieder seine ursprüngliche Form anzunehmen. Es war harte Arbeit, aber Fritz fand es aufregend. Er lernte, wie man eine defekte

Lampe repariert, wie man Räder justiert und wie man alles für den großen Moment vorbereitet.

Während der Arbeit erzählte Jingle Fritz viele Geschichten über die alten Weihnachtstraditionen und die Abenteuer, die der magische Schlitten in den vergangenen Jahren erlebt hatte. Fritz lauschte gebannt und stellte immer wieder Fragen.

Als es langsam dunkel wurde, war der Schlitten endlich fertig. Er glänzte in der Abenddämmerung und sah schöner aus als je zuvor. Jingle klatschte vor Freude in die Hände. „Du hast es geschafft, Fritz! Der Schlitten ist bereit für die große Reise."

„Ich bin so froh, dass ich helfen konnte," sagte Fritz erleichtert. „Aber wie werden wir ihn jetzt bewegen?"

Jingle lächelte geheimnisvoll. „Das ist der nächste Teil des Abenteuers. Der Schlitten ist magisch, und wir brauchen nur noch den letzten Funken Magie, um ihn auf den Weg zu bringen."

Er zog eine kleine, silberne Glocke aus seiner Tasche und schüttelte sie. Ein sanftes Glitzern breitete sich aus, und der Schlitten begann, leicht zu schweben. „Der Schlitten wird von selbst fliegen, wenn wir ihn zum Himmel schicken."

Mit einem weiteren Glitzern in der Luft hob der Schlitten ab und schwebte majestätisch in den Himmel. Die Stadt Winterhausen strahlte unter ihm, und die Lichter funkelten wie Sterne auf dem Boden. Fritz sah zu, wie der Schlitten in den Himmel flog und wusste, dass er Teil von etwas ganz Besonderem gewesen war.

Jingle klopfte ihm auf die Schulter. „Du hast einen fantastischen Job gemacht, Fritz. Jetzt ist es Zeit, nach Hause zu gehen und deine Familie zu genießen."

Fritz nickte und machte sich auf den Weg nach Hause. Als er ankam, wartete seine Familie bereits auf ihn. Sie umarmten ihn und freuten sich über die kleine, goldene Glocke, die er ihnen von der Reise mitgebracht hatte.

„Es war das aufregendste Abenteuer aller Zeiten,“ sagte Fritz. „Und ich habe etwas Wichtiges gelernt: Weihnachten ist nicht nur eine Zeit für Geschenke, sondern auch für Abenteuer, Freundschaft und den Glauben an Magie.“

Seine Eltern lächelten und sagten: „Wir sind so stolz auf dich, Fritz. Du hast Weihnachten auf eine ganz besondere Weise erlebt.“

Und so endete der 24. Dezember mit einem glücklichen Fritz, der an die wahre Magie von Weihnachten glaubte. Die Stadt Winterhausen war ein Ort voller Lichter, Lachen und festlicher Freude. Fritz wusste, dass er ein Teil dieses wunderbaren Festes gewesen war und dass die wahre Magie von Weihnachten in den Herzen der Menschen zu finden ist.

Fritz and the Christmas Emergency

It was December 24th in the small town of Winterville, and the whole town was wrapped in a sparkling Christmas wonder. The streets were adorned with lights that sparkled like tiny stars, and the smell of freshly baked stollen and cinnamon filled the air. People bustled from shop to shop, while children eagerly pressed their faces against the festive window displays.

Fritz Huber, a curious and adventurous boy with a penchant for thrilling stories, was particularly excited. This year, he was going to take part in something he had never experienced before—a special Christmas surprise that would involve his whole family. When he woke up on Christmas Eve morning, his heart was full of anticipation.

His parents had told him they had planned a big celebration and that Fritz would have an important job to do. As he put on his socks and got ready for the day, he could hardly contain his curiosity about what this mysterious task could be.

After breakfast and as the Huber family went to the Christmas tree to make the final preparations, there was suddenly a loud knock at the door. Fritz ran excitedly to the door and opened it—there stood a large, green, glittering box with a golden ribbon.

"Wow, what's this?" Fritz asked, astonished. The box looked like it came straight out of a fairy tale.

"That's the surprise we promised you," his mother said with a smile. "But you can only open it when you're ready."

Fritz could not contain his curiosity any longer. He carefully unwrapped the box and found a beautiful, sparkling card and a small silver key. The card read:

Dear Fritz,

You are invited to a very special adventure. This key opens the door to a secret room in our town where you will have an important task to perform. Be at the old town hall at exactly 3 PM.

With festive greetings,

The Christmas Elf

Fritz was over the moon. A secret adventure, a special task, and a secret room? That sounded like the most exciting Christmas ever!

He asked his parents if they knew anything about the secret room, but they only shook their heads mysteriously. "That's a secret for you to discover," his father said. "But we're sure you'll handle the big adventure well."

When the clock struck 3 PM, Fritz set off for the old town hall. It was a large, old-fashioned building with tall towers and a massive wooden door. With trembling hands, he inserted the silver key into the lock and turned it. The door creaked open, and Fritz stepped into the room.

The room was beautifully decorated, with golden lights and sparkling stars. In the center of the room stood a large, mysterious sleigh painted in beautiful blue and silver, surrounded by glowing stars. Next to the sleigh stood a small, mischievous Christmas elf wearing a green hat and a wide grin on his face.

"Hello, Fritz!" said the Christmas elf. "I'm Elf Jingle, and I'm here to help you with your task."

"Elf Jingle?" Fritz asked curiously. "What's my task?"

Jingle clapped his hands and explained, "This sleigh is no ordinary sleigh. It's the magical Christmas sleigh that's supposed to deliver gifts to all the children in town. But unfortunately, the sleigh broke down this morning. It needs urgent repairs so it's ready in time for the gift-giving."

"That sounds like a challenge," Fritz said determinedly. "How can I help?"

"Good question," Jingle said, pointing to a large red box in the corner of the room. "In this box, you'll find all the tools you need to repair the sleigh. We need to fix the wheels, repair the magical lights, and make sure the gifts are securely packed."

Fritz opened the box and found a variety of tools: screwdrivers, hammers, pliers, and many other things one could imagine. He immediately got to work. The sleigh was indeed in poor shape. The wheels were loose, some lights were out, and the sleigh itself was a bit crooked.

Jingle assisted him in putting the parts together, and soon the sleigh began to regain its original shape. It was hard work, but Fritz found it exhilarating. He learned how to repair a broken lamp, adjust wheels, and prepare everything for the big moment.

While they worked, Jingle told Fritz many stories about old Christmas traditions and the adventures the magical sleigh had experienced over the years. Fritz listened intently and kept asking questions.

As it grew dark, the sleigh was finally ready. It gleamed in the twilight and looked more beautiful than ever. Jingle clapped his hands with joy. "You did it, Fritz! The sleigh is ready for its big journey."

"I'm so glad I could help," Fritz said, relieved. "But how are we going to move it now?"

Jingle smiled mysteriously. "That's the next part of the adventure. The sleigh is magical, and we just need the final touch of magic to get it on its way."

He pulled out a small silver bell from his pocket and shook it. A gentle sparkle spread out, and the sleigh began to float lightly. "The sleigh will fly on its own once we send it into the sky."

With a final twinkle in the air, the sleigh lifted off and majestically floated into the sky. The town of Winterville sparkled below it, and the lights shimmered like stars on the ground. Fritz watched as the sleigh soared into the sky, knowing that he had been part of something very special.

Jingle patted him on the shoulder. "You did a fantastic job, Fritz. Now it's time to go home and enjoy Christmas with your family."

Fritz nodded and headed home. When he arrived, his family was already waiting for him. They hugged him and were delighted with the little golden bell he brought back from the journey.

"It was the most exciting adventure ever," Fritz said. "And I learned something important: Christmas isn't just about gifts, but also about adventures, friendship, and believing in magic."

His parents smiled and said, "We're so proud of you, Fritz. You've experienced Christmas in a very special way."

And so, December 24th ended with a happy Fritz who believed in the true magic of Christmas. The town of Winterville was a place of lights, laughter, and festive joy. Fritz knew he had been part of this wonderful celebration and that the true magic of Christmas is found in the hearts of people.

45

Oma Helgas Weihnachtszauber

Es war der 23. Dezember in der beschaulichen Stadt Tannenfeld, und der Winter hatte die Welt in eine glitzernde Schneedecke gehüllt. Die Fenster der Häuser waren mit bunten Lichtern geschmückt, und der Duft von frisch gebackenem Plätzchen und heißem Kakao lag in der kalten Luft. Alles schien perfekt für das bevorstehende Weihnachtsfest, aber für den kleinen Max Müller war dieses Weihnachten etwas ganz Besonderes.

Max war ein lebhafter Neunjähriger mit einer riesigen Vorliebe für Abenteuer und Geschichten. Dieses Jahr würde er die Feiertage bei seiner Großmutter, Oma Helga, verbringen. Oma Helga war bekannt für ihre fantastischen Weihnachtsfeiern, die immer voller Überraschungen und magischer Momente waren. Max konnte es kaum erwarten, bei ihr zu sein.

Als Max an diesem Morgen aufwachte, war er so aufgeregt, dass er sich kaum zurückhalten konnte. Seine Eltern hatten ihm erzählt, dass Oma Helga eine geheimnisvolle Überraschung für ihn geplant hatte, aber sie hatten nichts darüber verraten, was es genau war. Während er sich anziehte, fragte Max sich, was seine Großmutter wohl für ihn vorbereitet hatte.

Nach einem Frühstück voller knuspriger Croissants und frischer Marmelade machte sich Max zusammen mit seinen Eltern auf den Weg zu Oma Helgas gemütlichem Landhaus am Rande der Stadt. Der Weg führte durch einen verschneiten Wald, und Max konnte die Vorfreude kaum noch aushalten.

Als sie vor Oma Helgas Haus standen, sah es aus wie ein wahres Winterwunderland. Die Fenster waren mit Schneeflocken bemalt, und der Garten war mit einer Vielzahl von Weihnachtslichtern geschmückt, die in allen Farben des Regenbogens leuchteten. Die Tür öffnete sich und Oma Helga stand da, strahlend wie immer, mit einem warmen Schal und einem breiten Lächeln.

„Willkommen, Max!" rief Oma Helga. „Ich bin so froh, dich hier zu haben. Ich habe eine ganz besondere Überraschung für dich."

Max konnte seine Aufregung kaum verbergen. „Was ist die Überraschung, Oma?"

„Geduld, mein Schatz," sagte Oma Helga geheimnisvoll. „Alles zu seiner Zeit. Komm, lass uns erst einmal eine Tasse heißen Kakao trinken und ein wenig quatschen."

Die beiden setzten sich an den großen Esstisch in der Küche, der bereits mit köstlichen Weihnachtsplätzchen und anderen Leckereien gedeckt war. Während sie ihren Kakao genossen, erzählte Oma Helga Max von den vielen Weihnachtsfesten, die sie in ihrer Jugend gefeiert hatte, und von den magischen Momenten, die sie erlebt hatte. Max hörte gebannt zu und stellte viele Fragen.

„Du weißt, Max," begann Oma Helga schließlich, „in meinem Alter habe ich eine ganz besondere Fähigkeit entwickelt, die nur wenige Menschen haben. Ich kann den Zauber von Weihnachten spüren, und ich glaube, dass ich dir heute ein Stück davon zeigen kann."

„Wie meinst du das, Oma?" fragte Max neugierig.

„Nun," sagte Oma Helga und zog eine alte, verstaubte Truhe aus dem Schrank, „ich habe diese Truhe schon seit vielen Jahren. Sie enthält etwas ganz Besonderes, das wir gemeinsam entdecken werden."

Sie öffnete die Truhe, und Max konnte seinen Augen kaum trauen. Darin lagen eine Vielzahl von alten Weihnachtsschmuckstücken, antiken

Ornamenten und winzigen, goldenen Sternen. Doch das Auffälligste war ein schimmerndes, silbernes Buch mit einem leuchtenden Cover.

„Das ist das Weihnachtszauberbuch," erklärte Oma Helga. „Es enthält Geschichten und Geheimnisse von Weihnachten, die seit Generationen weitergegeben wurden. Aber es hat einen besonderen Zauber, der nur dann funktioniert, wenn jemand wirklich an die Magie von Weihnachten glaubt."

Max starrte fasziniert auf das Buch. „Was müssen wir tun?"

„Nun," sagte Oma Helga, „wir müssen das Buch öffnen und gemeinsam eine Geschichte aus dem Buch lesen. Jede Geschichte hat ihre eigene Magie, und manchmal können wir dadurch etwas ganz Besonderes erleben."

Oma Helga schlug das Buch auf, und die Seiten leuchteten sanft auf. Sie las eine Geschichte über einen mutigen kleinen Jungen, der ein magisches Abenteuer erlebte, um Weihnachten zu retten. Max hörte gebannt zu, und als die Geschichte endete, passierte etwas Unglaubliches.

Plötzlich hörten sie ein leises, glitzerndes Geräusch, und die Lichter im Raum begannen zu flimmern. Oma Helga lächelte geheimnisvoll. „Es sieht so aus, als ob die Magie des Buches wirklich wirkt. Nun, da die Geschichte zu Ende ist, müssen wir den nächsten Schritt machen."

„Was ist der nächste Schritt?" fragte Max gespannt.

„Wir müssen das magische Weihnachtslicht finden," erklärte Oma Helga. „Es befindet sich irgendwo in diesem Haus, und wir müssen es gemeinsam suchen. Es ist das Herzstück der Magie, die uns helfen wird, die wahre Bedeutung von Weihnachten zu entdecken."

Max sprang auf und begann, das Haus aufgeregt zu durchsuchen. Er schaute in jedem Raum nach, unter dem Sofa, hinter Vorhängen und in allen Ecken. Oma Helga half ihm, indem sie aufmerksam nach dem magischen Licht suchte.

Schließlich, als Max schon fast die Hoffnung aufgegeben hatte, entdeckte er etwas Glitzerndes, das unter dem großen Weihnachtsbaum versteckt war. Er zog es vorsichtig hervor und stellte fest, dass es ein kleines, funkelndes Licht in Form eines Sterns war.

„Hier ist es!" rief Max aufgeregt. „Ich habe es gefunden!"

Oma Helga lächelte stolz. „Das ist es, das magische Weihnachtslicht. Nun, da wir es gefunden haben, müssen wir es an den höchsten Punkt des Hauses bringen, damit es seinen Zauber entfalten kann."

Gemeinsam trugen sie das Licht zum höchsten Punkt des Hauses, auf den Dachboden. Als sie es dort platzieren, begannen die Wände des Dachbodens sanft zu leuchten, und ein magischer Glanz breitete sich aus.

„Das Licht hat seine Arbeit getan," sagte Oma Helga. „Jetzt können wir den Zauber von Weihnachten in unserem Herzen fühlen."

Plötzlich ertönte ein leises, fröhliches Lachen, und ein kleiner, freundlicher Weihnachtswichtel trat aus dem Schatten hervor. „Vielen Dank, dass ihr den Zauber des Weihnachtslichts gefunden habt," sagte der Wichtel. „Ich bin Elfi, und ich bin hier, um euch für eure Hilfe zu danken."

„Wie kannst du uns danken?" fragte Max erstaunt.

Elfi lächelte. „Als Belohnung werde ich euch eine besondere Gabe überreichen. Diese kleine, goldene Glocke hat die Fähigkeit, die Herzen der Menschen zu erwärmen und Freude zu verbreiten."

Er überreichte Max eine winzige, goldene Glocke, die sanft klirrte, als Max sie in die Hand nahm. „Danke, Elfi," sagte Max und hielt die Glocke fest. „Das ist ein wunderbares Geschenk."

„Jetzt," sagte Elfi, „ist es Zeit, zurückzukehren und Weihnachten zu feiern. Die wahre Magie von Weihnachten liegt nicht nur in den Geschenken, sondern in der Liebe und Freundschaft, die wir miteinander teilen."

Mit diesen Worten verschwand Elfi, und der Glanz auf dem Dachboden verblasste langsam. Oma Helga und Max kehrten nach unten zurück, wo sie ihre Eltern erwarteten, die auf sie warteten.

Die Familie versammelte sich um den Weihnachtsbaum, und die Wärme des magischen Lichts schien den Raum zu erfüllen. Max erzählte seinen Eltern von dem Abenteuer und der goldenen Glocke, die er erhalten hatte. Alle waren begeistert und freuten sich, dass Max ein so besonderes Weihnachtsabenteuer erlebt hatte.

„Es war das beste Weihnachten aller Zeiten," sagte Max, „weil ich gelernt habe, dass Weihnachten nicht nur um Geschenke geht, sondern um die Liebe, die wir miteinander teilen und die Magie, die in unseren Herzen lebt."

Seine Eltern lächelten und umarmten ihn. „Wir sind so stolz auf dich, Max. Du hast wirklich den wahren Zauber von Weihnachten entdeckt."

Und so endete der 24. Dezember in Tannenfeld mit einem glücklichen Max, der an die wahre Magie von Weihnachten glaubte. Das Haus von Oma Helga war erfüllt von Lichtern, Lachen und festlicher Freude. Max wusste, dass er Teil eines besonderen Weihnachtswunders gewesen war und dass die wahre Magie von Weihnachten in den Herzen der Menschen zu finden ist.

Grandma Helga's Christmas Magic

It was December 23rd in the cozy town of Pineville, and winter had draped the world in a sparkling blanket of snow. The windows of the houses were adorned with colorful lights, and the scent of freshly baked cookies and hot cocoa filled the crisp air. Everything seemed perfect for the upcoming Christmas celebration, but for little Max Miller, this Christmas was going to be something truly special.

Max was a lively nine-year-old with a huge love for adventures and stories. This year, he would be spending the holidays with his grandmother, Grandma Helga. Grandma Helga was famous for her fantastic Christmas parties, always full of surprises and magical moments. Max could hardly wait to be there.

When Max woke up that morning, he was so excited he could hardly contain himself. His parents had told him that Grandma Helga had a mysterious surprise planned for him, but they had not revealed what it was. As he got dressed, Max wondered what his grandmother had prepared for him.

After a breakfast of crispy croissants and fresh jam, Max and his parents set off for Grandma Helga's cozy country house on the edge of town. The drive took them through a snowy forest, and Max could barely contain his anticipation.

When they arrived at Grandma Helga's house, it looked like a true winter wonderland. The windows were painted with snowflakes, and the garden was adorned with a variety of Christmas lights that glowed in every color of the rainbow. The door opened, and Grandma Helga stood there, beaming as always, wrapped in a warm scarf and with a broad smile.

"Welcome, Max!" exclaimed Grandma Helga. "I'm so happy to have you here. I have a very special surprise for you."

Max could hardly hide his excitement. "What's the surprise, Grandma?"

"Patience, my dear," Grandma Helga said mysteriously. "Everything in its own time. First, let's have a cup of hot cocoa and chat a bit."

They sat at the big dining table in the kitchen, which was already set with delicious Christmas cookies and other treats. As they enjoyed their cocoa, Grandma Helga told Max about the many Christmases she had celebrated in her youth and the magical moments she had experienced. Max listened intently and asked many questions.

"You know, Max," Grandma Helga began, "at my age, I've developed a special ability that only a few people have. I can sense the magic of Christmas, and I believe I can show you a piece of it today."

"How do you mean, Grandma?" Max asked curiously.

"Well," said Grandma Helga, pulling out an old, dusty trunk from the cupboard, "I've had this trunk for many years. It contains something very special that we'll discover together."

She opened the trunk, and Max could hardly believe his eyes. Inside were a variety of old Christmas decorations, antique ornaments, and tiny golden stars. But the most striking item was a shimmering silver book with a glowing cover.

"This is the Christmas Magic Book," explained Grandma Helga. "It contains stories and secrets of Christmas that have been passed down through generations. But it has a special magic that only works if someone truly believes in the magic of Christmas."

Max stared in awe at the book. "What do we need to do?"

"Well," said Grandma Helga, "we need to open the book and read a story together. Each story has its own magic, and sometimes we can experience something truly special through them."

Grandma Helga opened the book, and the pages glowed softly. She read a story about a brave little boy who embarked on a magical adventure to save Christmas. Max listened spellbound, and as the story ended, something incredible happened.

Suddenly, they heard a soft, sparkling sound, and the lights in the room began to flicker. Grandma Helga smiled mysteriously. "It seems that the magic of the book is really working. Now that the story is over, we need to take the next step."

"What's the next step?" asked Max excitedly.

"We need to find the magical Christmas light," explained Grandma Helga. "It's somewhere in this house, and we have to search for it together. It's the heart of the magic that will help us discover the true meaning of Christmas."

Max jumped up and began excitedly searching the house. He looked in every room, under the sofa, behind curtains, and in all the corners. Grandma Helga helped him by carefully searching as well.

Finally, just as Max was almost losing hope, he spotted something sparkling hidden under the big Christmas tree. He carefully pulled it out and found it was a small, shimmering light shaped like a star.

"Here it is!" Max shouted excitedly. "I found it!"

Grandma Helga smiled with pride. "That's it, the magical Christmas light. Now that we've found it, we need to take it to the highest point of the house so that it can spread its magic."

Together, they carried the light to the highest point of the house, to the attic. As they placed it there, the walls of the attic began to glow softly, and a magical shimmer spread out.

"The light has done its job," said Grandma Helga. "Now we can feel the magic of Christmas in our hearts."

Suddenly, a soft, cheerful laugh echoed, and a small, friendly Christmas elf emerged from the shadows. "Thank you for finding the magic of the Christmas light," said the elf. "I'm Elfi, and I'm here to thank you for your help."

"How can you thank us?" asked Max, astonished.

Elfi smiled. "As a reward, I will give you a special gift. This little golden bell has the ability to warm people's hearts and spread joy."

He handed Max a tiny, golden bell that jingled softly as Max held it. "Thank you, Elfi," said Max, holding the bell tightly. "This is a wonderful gift."

"Now," said Elfi, "it's time to return and celebrate Christmas. The true magic of Christmas is not just in the gifts but in the love and friendship we share."

With these words, Elfi vanished, and the glow in the attic slowly faded. Grandma Helga and Max returned downstairs, where their parents were waiting for them.

The family gathered around the Christmas tree, and the warmth of the magical light seemed to fill the room. Max told his parents about the adventure and the golden bell he had received. Everyone was thrilled and happy that Max had experienced such a special Christmas adventure.

"It was the best Christmas ever," said Max, "because I learned that Christmas is not just about gifts but about the love we share and the magic that lives in our hearts."

His parents smiled and hugged him. "We're so proud of you, Max. You really discovered the true magic of Christmas."

And so, December 24th ended in Pineville with a happy Max who believed in the true magic of Christmas. Grandma Helga's house was filled with lights, laughter, and festive joy. Max knew that he had been part of a special Christmas miracle and that the true magic of Christmas is found in the hearts of people.

Lukas und das Geheimnis der Weihnachtswichtel

In der kleinen Stadt Glitzerheim, wo sich der Schnee wie Zucker auf den Dächern niederlegte und die Straßen wie von tausend Lichtern beleuchtet schienen, bereitete sich jeder auf das große Weihnachtsfest vor. Die Kinder warteten ungeduldig auf den Heiligen Abend, der ihnen immer die besten Überraschungen brachte. Doch in diesem Jahr war etwas ganz Besonderes geplant, und zwar für den elfjährigen Lukas Becker.

Lukas war ein fröhlicher, neugieriger Junge, der jeden Tag für ein neues Abenteuer bereit war. Besonders an Weihnachten konnte man ihn nicht stoppen. Er liebte die festliche Zeit, die Geschenke und vor allem die Geschichten über den geheimnisvollen Weihnachtsmann und seine Wichtel. In diesem Jahr sollte sich für Lukas jedoch ein ganz besonderes Geheimnis lüften.

Es war der 22. Dezember, als Lukas an diesem Morgen aus dem Fenster schaute. Der Himmel war wolkenlos, und die Sonne strahlte über die verschneite Stadt. Seine Mutter hatte ihm gesagt, dass ein geheimnisvoller Brief angekommen war, den er unbedingt lesen sollte. Lukas stürzte die Treppe hinunter, um den Brief aus dem Briefkasten zu holen. Der Umschlag war glänzend und trug einen goldenen Stern auf dem Siegel.

„Wow, was ist das denn?", fragte Lukas aufgeregt, als er den Brief in den Händen hielt. Er setzte sich an den Küchentisch, wo seine Mutter bereits eine Tasse heißen Kakao für ihn bereitgestellt hatte. Er schälte den Umschlag auf und zog eine wunderschön geschriebene Karte heraus.

Lieber Lukas,

Du bist zu einem ganz besonderen Abenteuer eingeladen. In unserer Stadt gibt es ein geheimes Weihnachtsgeheimnis, das nur von jemandem entdeckt werden kann, der wirklich an die Magie von Weihnachten glaubt. Ich lade dich ein, dieses Geheimnis zu finden. Sei am 24. Dezember um 4 Uhr nachmittags am alten Kirchturm.

Mit festlichen Grüßen,

Der Weihnachtswichtel

Lukas' Augen leuchteten vor Aufregung. Ein Abenteuer! Ein Weihnachtsgeheimnis! Das klang wie der perfekte Beginn für die Feiertage. Er fragte seine Eltern, ob sie etwas von diesem geheimnisvollen Weihnachtswichtel wussten, aber sie schüttelten nur geheimnisvoll den Kopf.

„Das ist ein Abenteuer, das nur du erleben kannst", sagte sein Vater. „Wir sind sicher, dass du das großartig meistern wirst."

Am 24. Dezember, als die Uhr fast 4 Uhr nachmittags schlug, machte sich Lukas auf den Weg zum alten Kirchturm. Der Kirchturm war ein altes, ehrwürdiges Bauwerk mit einer großen Uhr, die stets die Zeit genau anzeigte. Als Lukas sich dem Turm näherte, sah er, dass der alte Kirchturm besonders festlich geschmückt war. Die Fenster waren mit funkelnden Sternen und Lichtern geschmückt, und eine große, goldene Schleife schmückte die Tür.

Mit zitternden Händen zog Lukas die goldene Karte aus seiner Tasche und steckte sie in den Briefkasten neben der Tür des Kirchturms. Kaum hatte er dies getan, öffnete sich die schwere Holztür von selbst mit einem geheimnisvollen Knarren. Lukas trat ein und fand sich in einem warm erleuchteten Raum wieder. Der Raum war wunderschön geschmückt, mit glitzernden Weihnachtslichtern, großen, bunten Kugeln und einem riesigen Weihnachtsbaum in der Mitte.

„Willkommen, Lukas!" rief eine freundliche Stimme. Vor ihm stand ein kleiner Weihnachtswichtel mit einem roten Hut und einer grünen Jacke. Der Wichtel trug eine goldene Kette um den Hals, und in seinen Augen funkelte ein geheimnisvolles Glitzern.

„Ich bin Wichtel Rudi," sagte der kleine Wichtel mit einem breiten Lächeln. „Und ich bin hier, um dir bei deinem Abenteuer zu helfen."

„Wichtel Rudi?" fragte Lukas neugierig. „Was soll ich hier tun?"

„Nun, Lukas," begann Rudi, „dieser Kirchturm hat eine besondere Aufgabe. Er ist ein wichtiger Teil der Weihnachtsvorbereitungen. Doch in diesem Jahr ist etwas schiefgegangen. Die Weihnachtslichter sind verschwunden, und ohne sie kann der Weihnachtszauber nicht vollständig sein."

„Oh nein!" rief Lukas besorgt. „Wie kann ich helfen?"

„Du bist genau der Richtige für diesen Job," sagte Rudi und zeigte auf eine große Truhe in der Ecke des Raumes. „In dieser Truhe findest du alles, was du brauchst, um die Lichter wiederzufinden. Aber du musst aufpassen, denn der Weg wird voller Rätsel und Herausforderungen sein."

Lukas öffnete die Truhe und fand eine Sammlung von Werkzeugen, Notizen und einer alten, geheimnisvollen Karte. Die Karte zeigte den Kirchturm und verschiedene markierte Orte, die Lukas erkunden sollte. Neben der Karte lag ein kleiner Schlüssel.

„Dieser Schlüssel wird dir helfen, einige versteckte Türen im Turm zu öffnen," erklärte Rudi. „Und die Hinweise auf der Karte werden dich zu den verlorenen Lichtern führen. Bist du bereit für das Abenteuer?"

Lukas nickte entschlossen. „Ich bin bereit! Wo soll ich anfangen?"

„Beginne mit dem großen, alten Bücherregal über dort," sagte Rudi und deutete auf eine Wand voller Bücher. „Es gibt ein geheimes Fach, das wir öffnen müssen. Vielleicht findest du dort einen ersten Hinweis."

Lukas machte sich auf den Weg zum Bücherregal und begann, die Bücher sorgfältig zu durchsuchen. Schließlich entdeckte er ein kleines, unscheinbares Buch, das sich leicht von den anderen unterschied. Er zog es heraus, und plötzlich öffnete sich ein verborgenes Fach. Darin lag eine kleine, glänzende Box.

Als Lukas die Box öffnete, fand er darin einen weiteren Hinweis: ein Rätsel, das gelöst werden musste, um das nächste Licht zu finden.

„Ich bin nicht lebendig, aber ich kann tanzen und leuchten. Du findest mich in der Dunkelheit und an Orten der Feier. Wo bin ich?"

Lukas dachte angestrengt nach. „Das muss etwas mit Licht zu tun haben! Vielleicht eine Lampe oder ein Lichtschalter?"

Er folgte der nächsten Spur der Karte und fand sich vor einem alten, kunstvoll geschnitzten Sessel. Unter dem Sessel war ein weiterer kleiner, glänzender Lichtschein versteckt. Lukas nahm den Lichtschein und fand eine kleine Notiz darin.

„Sehr gut gemacht, Lukas! Du bist auf dem richtigen Weg. Das nächste Licht findest du, wenn du die hohe, edle Herrschaft betrachtest. Siehst du die Kronen der Freiheit?"

„Kronen der Freiheit?" murmelte Lukas. Er schaute sich um und entdeckte eine Reihe von alten Gemälden an den Wänden des Kirchturms, die majestätische Kronen zeigten.

Hinter einem der Gemälde fand Lukas eine kleine, versteckte Nische. Darin befand sich ein weiteres Licht, das sanft leuchtete. Er nahm es und setzte seinen Weg fort.

„Du machst Fortschritte," lobte Rudi. „Nur noch ein weiteres Licht fehlt. Es ist in der Nähe des Ortes, wo die Engel singen."

Lukas suchte nach einem Ort im Turm, der mit Engeln zu tun hatte. Schließlich fand er eine alte, prachtvolle Orgel, auf der Engel abgebildet waren. Als er die Orgel genau untersuchte, fand er das letzte Licht versteckt in einem alten Fach.

„Du hast es geschafft, Lukas!" rief Rudi begeistert. „Nun müssen wir alle Lichter zusammenbringen, um den Weihnachtszauber zu erneuern."

Lukas und Rudi sammelten alle Lichter und platzierten sie sorgfältig am großen Weihnachtsbaum im Raum. Als die Lichter angingen, erleuchteten sie den Raum in einem warmen, goldenen Glanz. Die Farben tanzten fröhlich, und der Raum war erfüllt von einem magischen Glitzern.

„Die Lichter sind wieder da!" rief Lukas glücklich. „Was passiert jetzt?"

„Jetzt," erklärte Rudi, „ist es Zeit für die große Weihnachtsfeier. Die Stadt wird die festliche Beleuchtung genießen, und die Magie von Weihnachten wird überall spürbar sein. Und du, Lukas, hast einen großen Beitrag geleistet."

Plötzlich öffnete sich eine geheimnisvolle Tür im Kirchturm, und Lukas sah einen wunderschönen Raum voller Weihnachtsgeschenke und köstlicher Leckereien. Die Stadtbewohner versammelten sich dort, und die Weihnachtsfeier begann.

„Danke, Lukas," sagte Rudi. „Du hast nicht nur die Lichter gerettet, sondern auch die wahre Magie von Weihnachten bewahrt. Du hast gezeigt, dass Glaube, Entschlossenheit und Freundlichkeit die größten Geschenke sind."

Lukas lächelte stolz. Er hatte nicht nur ein großes Abenteuer erlebt, sondern auch gelernt, dass Weihnachten mehr ist als nur Geschenke und Lichter. Es geht um die Freude, die wir teilen, und die Magie, die in jedem von uns lebt.

Die Feier ging weiter, und Lukas genoss die festliche Stimmung, das Lachen und die Liebe, die in der Luft lagen. Er wusste, dass dies ein Weihnachten war, das er nie vergessen würde.

Als die Feier zu Ende ging und Lukas sich auf den Heimweg machte, fühlte er sich erfüllt und glücklich. Er hatte ein Geheimnis entdeckt und die wahre Bedeutung von Weihnachten gefunden.

Und so endete der 24. Dezember in Glitzerheim mit einem glücklichen Lukas, der die Magie von Weihnachten in seinem Herzen trug. Die Stadt erstrahlte in festlichem Glanz, und Lukas wusste, dass die wahre Magie von Weihnachten in den Herzen der Menschen zu finden ist.

Lukas and the Secret of the Christmas Elves

In the small town of Glitzerheim, where the snow lay on the roofs like sugar and the streets seemed illuminated by a thousand lights, everyone was preparing for the big Christmas celebration. The children were eagerly awaiting Christmas Eve, which always brought the best surprises. But this year, something very special was planned for eleven-year-old Lukas Becker.

Lukas was a cheerful, curious boy who was ready for a new adventure every day. Especially at Christmas, nothing could stop him. He loved the festive season, the presents, and above all, the stories about the mysterious Santa Claus and his elves. This year, however, a very special secret was about to be revealed to Lukas.

It was December 22nd when Lukas looked out of the window that morning. The sky was cloudless, and the sun was shining over the snowy town. His mother had told him that a mysterious letter had arrived, which he absolutely had to read. Lukas rushed down the stairs to get the letter from the mailbox. The envelope was shiny and bore a golden star on the seal.

"Wow, what is this?" Lukas asked excitedly as he held the letter in his hands. He sat down at the kitchen table where his mother had already prepared a cup of hot cocoa for him. He peeled open the envelope and pulled out a beautifully written card.

Dear Lukas,

You are invited to a very special adventure. In our town, there is a secret Christmas mystery that can only be discovered by someone who truly

Lukas's eyes sparkled with excitement. An adventure! A Christmas mystery! That sounded like the perfect start to the holidays. He asked his parents if they knew anything about this mysterious Christmas elf, but they only shook their heads mysteriously.

"This is an adventure only you can experience," his father said. "We are sure you will handle it wonderfully."

On December 24th, as the clock struck almost 4 PM, Lukas set off for the old church tower. The church tower was an old, venerable structure with a large clock that always kept accurate time. As Lukas approached the tower, he saw that it was particularly festively decorated. The windows were adorned with sparkling stars and lights, and a large golden bow decorated the door.

With trembling hands, Lukas pulled the golden card from his pocket and slipped it into the mailbox next to the church tower door. No sooner had he done this than the heavy wooden door opened by itself with a mysterious creak. Lukas stepped inside and found himself in a warmly lit room. The room was beautifully decorated with glittering Christmas lights, large, colorful ornaments, and a huge Christmas tree in the center.

"Welcome, Lukas!" called a friendly voice. In front of him stood a small Christmas elf with a red hat and a green jacket. The elf wore a golden chain around his neck, and a mysterious sparkle gleamed in his eyes.

"I am Elf Rudi," said the little elf with a broad smile. "And I am here to help you with your adventure."

"Elf Rudi?" Lukas asked curiously. "What am I supposed to do here?"

"Well, Lukas," Rudi began, "this church tower has a special task. It is an important part of the Christmas preparations. But this year, something has gone wrong. The Christmas lights have disappeared, and without them, the Christmas magic cannot be complete."

"Oh no!" Lukas exclaimed worriedly. "How can I help?"

"You are just the right person for this job," Rudi said, pointing to a large chest in the corner of the room. "In this chest, you will find everything you need to recover the lights. But you must be careful, for the way will be full of riddles and challenges."

Lukas opened the chest and found a collection of tools, notes, and an old, mysterious map. The map showed the church tower and various marked places that Lukas should explore. Next to the map lay a small key.

"This key will help you open some hidden doors in the tower," Rudi explained. "And the clues on the map will lead you to the lost lights. Are you ready for the adventure?"

Lukas nodded determinedly. "I am ready! Where should I start?"

"Begin with the large, old bookshelf over there," Rudi said, pointing to a wall full of books. "There is a secret compartment we need to open. Maybe you will find a first clue there."

Lukas made his way to the bookshelf and began carefully searching through the books. Finally, he discovered a small, inconspicuous book that was slightly different from the others. He pulled it out, and suddenly a hidden compartment opened. Inside lay a small, shiny box.

When Lukas opened the box, he found another clue: a riddle that needed to be solved to find the next light.

"I am not alive, but I can dance and shine. You find me in the darkness and in places of celebration. Where am I?"

Lukas thought hard. "It must have something to do with light! Maybe a lamp or a light switch?"

He followed the next clue on the map and found himself in front of an old, intricately carved armchair. Under the armchair was another small, shiny light hidden. Lukas took the light and found a small note inside.

"Well done, Lukas! You are on the right path. You will find the next light when you look at the high, noble majesty. Do you see the crowns of freedom?"

"Crowns of freedom?" Lukas murmured. He looked around and discovered a series of old paintings on the walls of the church tower depicting majestic crowns.

Behind one of the paintings, Lukas found a small, hidden niche. Inside was another light that glowed softly. He took it and continued on his way.

"You are making progress," Rudi praised. "Only one more light is missing. It is near the place where the angels sing."

Lukas searched for a place in the tower related to angels. Finally, he found an old, magnificent organ decorated with angels. When he examined the organ closely, he found the last light hidden in an old compartment.

"You did it, Lukas!" Rudi exclaimed enthusiastically. "Now we must bring all the lights together to renew the Christmas magic."

Lukas and Rudi gathered all the lights and carefully placed them on the large Christmas tree in the room. When the lights came on, they illuminated the room in a warm, golden glow. The colors danced happily, and the room was filled with a magical sparkle.

"The lights are back!" Lukas exclaimed happily. "What happens now?"

"Now," Rudi explained, "it's time for the big Christmas party. The town will enjoy the festive lighting, and the magic of Christmas will be felt everywhere. And you, Lukas, have made a great contribution."

Suddenly, a mysterious door in the church tower opened, and Lukas saw a beautiful room full of Christmas presents and delicious treats. The townspeople gathered there, and the Christmas party began.

"Thank you, Lukas," Rudi said. "You not only saved the lights but also preserved the true magic of Christmas. You have shown that faith, determination, and kindness are the greatest gifts."

Lukas smiled proudly. He had not only experienced a great adventure but also learned that Christmas is more than just presents and lights. It is about the joy we share and the magic that lives within each of us.

The celebration continued, and Lukas enjoyed the festive atmosphere, the laughter, and the love that filled the air. He knew this was a Christmas he would never forget.

As the celebration came to an end and Lukas made his way home, he felt fulfilled and happy. He had discovered a secret and found the true meaning of Christmas.

And so December 24th ended in Glitzerheim with a happy Lukas, who carried the magic of Christmas in his heart. The town shone with festive splendor, and Lukas knew that the true magic of Christmas is found in the hearts of people.